AF582251

# L'AVENIR

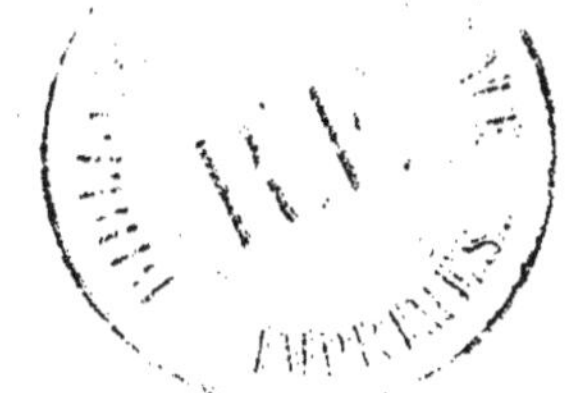

DU

# GOLFE-JUAN

ALPES-MARITIMES

NICE
IMPRIMERIE ADMINISTRATIVE, FARAUD ET CONSO
Rue du Pont-Neuf, 11.

1882

# L'AVENIR DU GOLFE-JUAN.

## ALPES-MARITIMES.

La côte provençale de la Méditerrannée, celle de Nice, de Monaco et de la rivière de Gênes ont, depuis longtemps, le privilège de recevoir, pendant l'hiver, les hôtes riches et mondains de tous les pays, de toutes les capitales surtout.

Il s'est fondé sur ces côtes, un certain nombre de stations dont les propriétés se jalousent, sans se nuire, chacune d'elles acquiert un développement immense par l'annexion de son territoire communal, transformé en faubourgs, en boulevards, en quartiers habités non seulement par la Colonie étrangère, toujours de plus en plus nombreuse à chaque saison, mais encore par les commerces, les industries, les établissements nécessaires à une population toujours croissante.

C'est ainsi que sur la côte française seulement, Hyères, Cannes, Nice, Menton, sont devenues de grandes cités hospitalières dont l'extension est insuffisante.

Des stations secondaires, plus modestes aux points de vue politique et administratif, mais dans des conditions identiques au point de vue du climat et de ses influences bienfaisantes, se sont fondées ou développées et sont, en ce moment, dans leur grande période de progrès.

Telles sont : Saint-Raphaël, le Golfe-Juan et Beaulieu. D'autres commencent seulement et ont à peine un nom, qu'elles ont déjà un avenir assuré.

Il en est qui ne sont qu'à l'état de projet, dont la prospérité est déjà escomptée. Les emplacements sont vendus et achetés ; les habitations futures sont louées d'avance sur plans et par contrats.

De toutes ces stations, celle qui se trouve dans des conditions les plus favorables d'exploitation, est sans contredit le Golfe-Juan.

*
* *

Golfe-Juan existe à l'état de cité immense disséminée sur un large territoire. Elle est formée déjà par un grand nombre de villas splendides, isolées, mais rapprochées, et qui se rejoignent, chaque jour, par des constructions intermédiaires.

Presque toutes sont habitées par des étrangers qui les ont fait bâtir. Ils fondent ainsi une colonie dont le caractère principal est la permanence, alors que dans les cités voisines, il a simplement celui de l'intermittence et de la périodicité.

La grande prospérité de la ville de Cannes est due a une semblable origine. Elle est un exemple et une garantie de succès.

Mais Golfe-Juan se trouve dans des conditions spéciales de vitalité qui présentent des sûretés et des éléments dont les autres centres sont dépourvus.

Sa situation topographique est privilégiée entre toutes, son territoire s'élève en amphithéâtre avec une protection de ceinture de montagnes boisées, l'abritant des vents du nord et de l'ouest. Aussi ses productions comportent l'importante culture des fleurs d'orangers, des roses, des violettes et de toutes les fleurs les plus délicates réservées à la parfumerie, sans crainte des hivers ou des changements de température.

Cette situation est la première attraction pour les étrangers.

*
* *

Mais Golfe-Juan a par lui-même des éléments d'avenir autres que ceux de simple station hivernale.

C'est une des grandes stations maritimes de la flotte française dans la Méditerranée.

La nature en a fait le prochain grand port de débouché de toute la contrée ; et la contrée productive et industrielle de la région est précisément le territoire du Golfe-Juan lui-même, ou de Vallauris, avec qui il ne forme qu'une seule et même commune.

Vallauris occupe le plateau qui termine l'amphithéâtre du Golfe Juan.

Vallauris est la réunion de 64 usines, fabriques de parfums, manufactures de poteries usuelles et de céramique artistique aujourd'hui sans rivales, dont la vulgarisation des produits est entrée dans la consommation générale et est devenue la source d'un commerce considérable.

Les intérêts du Golfe-Juan et de Vallauris sont les mêmes, c'est en les reliant qu'il est non seulement possible, mais facile d'en multiplier la valeur pour le bien être et la prospérité de tous.

Ces avantages de situation sont tellement réels et frappants, que les deux cités voisines cherchent à prendre leur extension sur le territoire du Golfe-Juan.

*
* *

Pendant de longues années, le midi de la France, la côte provençale surtout, sont restés étrangers aux grandes combinaisons financières du pays, si rapidement acceptées par le nord.

Depuis quelque temps, ces combinaisons, longtemps appuyées sur les grandes entreprises industrielles, ont trouvé une base d'opérations certaine sur les valeurs foncières ; les spéculations sur les terrains en ont été la conséquence.

Nulle part elles ne pouvaient mieux s'établir et réussir que dans un pays s'éveillant à une vie nouvelle, où toutes les aristocraties riches et intelligentes apportent chaque année leur argent, fondent des établissements, des colonies, et ne partent que pour revenir avec leurs familles et de nombreux imitateurs.

Notre côte entière est aujourd'hui couverte de villas luxueuses, elles bordent la mer, escaladent les collines et les montagnes.

Sur certains points leur agglomération forme des cités : C'est le cas du Golfe-Juan.

*
* *

Nous pourrions donner ici une description générale et particulière ; faire une statistique étendue de l'exploitation de ces magnifiques terrains ; nous nous bornerons à citer quelques exemples.

Il n'y a pas à mettre en opposition une seule déception pour ceux qui les ont suivis ou qui les suivent.

Citons :

L'immense propriété de M. Dervieu.

Elle s'étend de la route nationale à la route de la Californie. C'est le plan incliné d'une forêt de pins poussant dans les rochers, transformé aujourd'hui en jardin d'Armide. Bosquets ombreux, pièces d'eaux courantes et fraîches, culture luxueuse et exhubérante des fleurs les plus rares, des plantes les plus délicates se développant sans abri, des végétaux et des arbres des contrées tropicales retrouvant dans ce terrain et dans ce climat toutes les influences favorables à leur rapide développement, à leur luxuriante végétation.

Celle du comte d'Espréménil, qui s'est plu à réunir toutes les essences régionales et les essences étrangères dont la naturalisation n'a pas besoin de soins particuliers ni spéciaux. Elles dominent des tapis de verdure éclatants des plus riches floraisons.

Le double ermitage des Bruyères. — Deux de ces bijoux-châlets, ciselés, avec amour, par Violet-Leduc, en plein style Renaissance.

Ils seront un jour la légende du Golfe-Juan, lorsque le temps, qui marche si vite en notre siècle aura encore épaissi les ombrages qui les entourent.

Ce sont ceux d'une forêt de mimosas, d'espèces rares, absolument introuvables sur les autres points du littoral. — Colons délicats, ils sont venus chercher asile dans ce coin privilégié, sous les parasols immenses des pins protecteurs dont les cabochons d'émeraudes s'enchassent dans leur or exotique.

On cherchera alors, sous leur feuillage, la fée absente, Juliette Lambert (Madame Edmond Adam) qui a découvert le Golfe-Juan, comme Alexandre Dumas a découvert la Méditerranée. Juliette Lambert l'a aimé, l'a habité, l'a chanté, avec son charme éblouissant, le dénonçant aux mondains frileux, fondant ainsi le présent et l'avenir du Golfe-Juan, comme lord Brougham a fondé Cannes.

Son souvenir est attaché à ce domaine qui appartient aujourd'hui à Messieurs Lambert, les savants antiquaires et marchands de tableaux de l'avenue de la Gare, à Nice.

Parlons encore de l'intelligente initiative de M. Vilmorin, le grand et savant horticulteur Parisien. Sur la plus vaste échelle, il vient confier à la pleine terre de nos coteaux et au soleil de notre cirque abrité, l'immense production et la multiplication assurée de ces fleurs qui font l'ornementation de la capitale, la parure de ses fêtes; mais qu'elle n'obtient chez elle que dans de vastes serres, au prix d'une culture coûteuse dans un terrain préparé ; de soins et de précaution perpétuels et d'une chaleur artificielle.

Citons encore, dans un autre ordre d'idées, un fait d'une réalité saisissante et pratique, prouvant l'adoption et la colonisation de notre région par les étrangers.

C'est la construction, par l'habile et intelligente Société foncière de Cannes et du Littoral, d'un immense hôtel contenant plus de 300 chambres ou appartements.

Ce magnifique caravansérail s'élève à mi-côte, au milieu du panorama le plus splendide.

Devant, la mer bleue se confondant à l'horizon avec le ciel bleu. Les îles vertes de Lérins : Ste-Marguerite et St-Honorat. — A droite, les derniers contreforts de l'Esterel, enserrant le golfe de Cannes entre la Napoule et la pointe de la Croizette. — A gauche, la pointe d'Antibes et celle du Var ; puis la baie des Anges, au fond de laquelle se trouve Nice.

Derrière, au-dessus de Vallauris, plusieurs rideaux demi-circulaires de l'Esterel, avec leurs forêts aux verdures variées ; aux émanations aromatiques, résineuses et vivifiantes de pins maritimes ; aux crêtes sévères et sauvages de rochers noirs, dentelés et ménaçants.

Au loin, bien loin en arrière, l'immense draperie blanche des Alpes géantes, domine l'ensemble et ferme le décor, de ses sommets neigeux, éclatants, rosés par le soleil levant ou le soleil couchant, dorés par le soleil de midi.

*
* *

La première conséquence de cet envahissement, a été naturellement une majoration sur le prix des terrains.

La spéculation s'en empare à tous prix.

L'esprit commercial et intelligent à créé des compagnies foncières qui ont compris qu'en aménageant ces terrains, qu'en les défrichant, qu'en établissant des routes, des moyens de communication, des canaux, des conduites d'eaux, de gaz, etc., etc., des moyens de transport, elles donneraient encore à ces terrains des plus values considérables.

L'étranger en les trouvant ainsi disposés n'a plus qu'à choisir un emplacement pour y poser son nid.

Les installations déjà faites ont augmenté naturellement de valeur en profitant de ces progrès.

Golfe-Juan, Vallauris, plus que toute autre localité, se trouvent dans ces conditions.

C'est pour cela que la ville de Cannes, d'un côté, cherche à pénétrer, à s'introduire par des achats de terrains sur le territoire du Golfe-Juan.

C'est pour cela que la ville d'Antibes, de l'autre

côté, renversant ces fortifications, fait la même opération vers Golfe-Juan.

Il est donc dans la logique du bon sens et de l'intérêt local d'assurer au Golfe-Juan, le bénéfice de tous les avantages par la combinaison et la réalisation de tous les progrès praticables.

*
* *

Nous croyons avoir formulé l'une et l'autre dans le projet suivant :

Nous voulons établir :

1° Un chemin de fer spécial reliant Vallauris au Golfe-Juan et aboutissant à la gare du chemin de fer Paris-Lyon-Méditerranée.

La disposition du terrain en indique le parcours, il reliera le plus grand nombre des villas entre elles et assurera leurs communications avec Golfe-Juan et Vallauris ; il sera établi comme un tramway sur une route à créer suffisamment large pour former une grande artère de communication toute nouvelle.

Ils desserviront ensemble les propriétés limitrophes, en faciliteront l'accès, le lotissement, et le résultat immédiat prévu sera la construction en bordure de nombreuses villas et habitations diverses.

2° Une usine à gaz à Golfe-Juan, pour éclairer ses villas, Vallauris et ses fabriques, et s'il y a lieu, les établissements du cap d'Antibes.

3° A la demande générale, un moulin à blé, attenant à l'usine à gaz de manière à pouvoir desservir dans de bonnes conditions les localités voisines.

4° S'il y a lieu, un tramway à traction de chevaux sur la route n° 97 du Golfe-Juan à Cannes, avec prolongement ultérieur vers Antibes et le cap d'Antibes.

La circulation des voyageurs sur cette route suffit grandement pour alimenter, d'une manière générale, et à des prix très satisfaisants le trafic de six omnibus tramway, même dans la période la moins active.

*
* *

Le Conseil Municipal de Vallauris, frappé des avantages immenses que la réalisation de ces projets doit nécessairement apporter à l'industrie, au commerce et à la propriété, n'a pas hésité à nous accorder, avec subventions, les concessions en son pouvoir et à nous faire autoriser par la Préfecture des Alpes-Maritimes, (*arrêté du 5 octobre 1881*) à procéder aux études nécessaires à leur exécution.

*Résultats.* Ainsi que le témoignent les rapports des Ingénieurs qui nous ont secondé dans nos études, les résultats prévus dès le début sont :

1° Pour le chemin de fer qui coûtera 550,000 fr. un intérêt de 9, 35 %.

2° Pour l'usine à Gaz et le moulin qui coûteront 150,000 fr. un intérêt de 9,09 %.

3° Pour le tramway, le projet est à l'étude avec une prévision de 10 % environ.

*
* *

*Acquisitions de terrains.* Il est absolument incontestable que ces entreprises sont appelées à donner une plus value considérable aux terrains si admirablement situés en amphithéâtre et exposés en plein midi, entre Cannes, Vallauris et Golfe-Juan.

Déjà dans les transactions actuelles ces prévisions sont comptées. Il est reconnu aujourd'hui que si ce beau pays est resté jusqu'à présent dans un certain isolement, alors que d'autres points du littoral moins favorisés par la nature, sont entrés dans la voie du progrès et du mouvement, la cause réside uniquement dans la difficulté des communications intérieures.

Le moment ne saurait donc être plus avantageux pour les acquisitions de terrains, afin de profiter dans la plus large mesure possible des plus values assurées par l'exécution des projets ci-dessus exposés.

Il est superflu d'insister sur l'importance des bénéfices à réaliser et sur la rapidité avec laquelle une telle affaire doit être organisée et traitée.

Si l'on prend pour terme de comparaison les opérations de terrains qui se sont faites depuis 2 ans seulement entre Cannes, Nice, Monaco et Menton, on peut aisément se faire une idée des résultats magnifiques qui sont assurés dans ce pays à ce genre d'opérations, et il n'est pas téméraire d'avancer qu'il y a encore mieux à faire au Golfe-Juan que partout ailleurs.

*
* *

Comme emploi de fonds, l'affaire est certainement des plus avantageuses, des plus solides, elle offre aux capitalistes qui désireraient se tenir à l'écart des fluctuations si variables de la Bourse, un placement de tout repos et d'un rapport minimum de 40 à 50 0/0.

De nombreuses sociétés financières déjà existantes s'engagent avec ardeur dans ce genre de spéculation, d'autres se crèent pour leur en enlever le monopole; les bénéfices réalisés sont considérables et se chiffrent par des sommes énormes, quand les opérations peuvent se faire sur une grande échelle.

Nous ne connaissons aucune perte arrivée dans la revente des terrains. Les seules déceptions sont celles des spéculateurs qui ne réalisent pas, en quelques jours, des bénéfices supérieurs au capital dépensé, et nous pourrions en citer, c'est le plus grand nombre, qui y sont arrivés sans bourse délier, en servant d'intermédiaire entre deux autres ventes.

Le contrôle est du reste facile à faire, il n'y a qu'à comparer les premiers prix de vente des terrains entrés déjà dans l'exploitation, aux prix auxquels ils sont vendus aujourd'hui et voir le nombre de mains par lesquelles ils ont passé.

A quelque catégorie que les terrains appartiennent, qu'ils soient neufs ou dans la circulation, le simple fait de leur mise en vente est une cause de majoration dans les prix, les premiers sont toujours naturellement moins chers. C'est le cas du Golfe-Juan.

J. FAVRET.

Nice, le 15 Mars 1882,

www.ingramcontent.com/pod-product-compliance
Lightning Source LLC
LaVergne TN
LVHW050515160826
845677LV00003B/1145

* 9 7 8 2 3 2 9 6 3 5 7 2 9 *